¿Eres un PEZ?

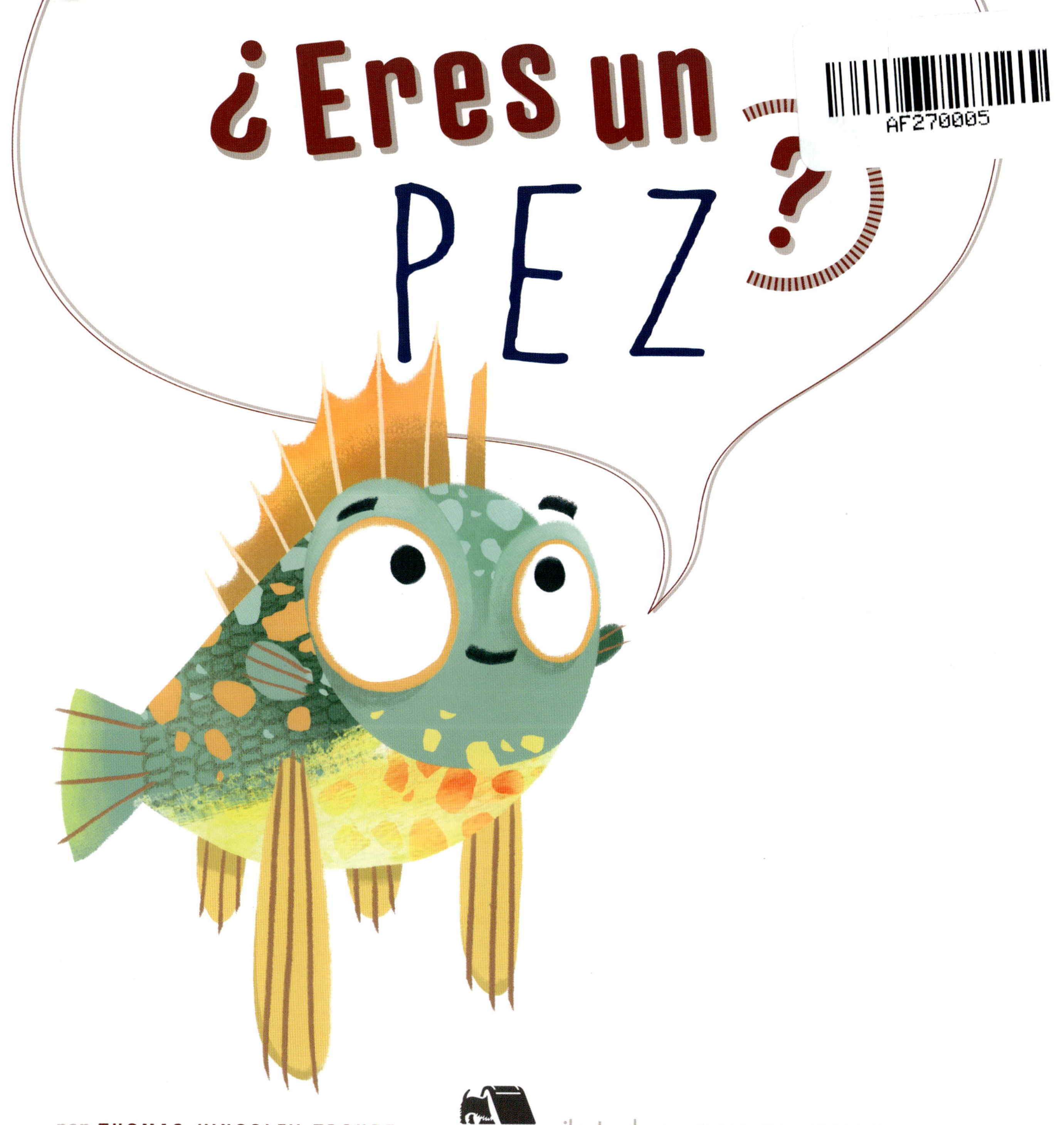

por **THOMAS KINGSLEY TROUPE**   **amicus** LEARNING   ilustrado por **MARTINA ROTONDO**

Steve era un pez luna. Hace apenas cinco minutos, oyó a alguien decir una palabra extraña.

"Cuidado con los peces", zumbó la libélula Dexter a su amigo.

"¿Qué es un pez?", preguntó Steve.

"Olvídalo", dijo Dexter. "¡Nos vamos de aquí!". Él y su amigo se fueron volando.

No podía olvidarlo.
Steve realmente quería saber.

Steve nadó en busca de peces.
Encontró a Spike la araña.

"¿Un pez? No. Todos los
peces son vertebrados.
Yo no, señor escurridizo".

"¿Vertebrados?", preguntó Steve.
"¿Qué significa eso?".

"Los vertebrados son animales que tienen columna vertebral", dijo Spike. "Por desgracia, yo no".

Steve hizo una nota sobre los vertebrados.

Steve se encontró con la tortuga Talulah.

Talulah se rió. "No soy un pez, señor", dijo. "Mírame los ojos. Tengo tres párpados. Uno de ellos es transparente".

"Bonito", dijo Steve.
"¿Cuántos tienen los peces?".

"¡Ninguna!", Talulah gritó. "¡Los peces con ojos no los necesitan! El agua les humedece los ojos".

Steve añadió sin párpados a sus notas.

Steve encontró al cerdo Preston
en la granja.

"¿Eres un pez?", preguntó Steve.
Preston resopló. "Caramba, no", dijo.
"Soy de sangre caliente. Casi todos los
peces son de sangre fría. No pueden
mantener la misma temperatura
corporal que yo".
"¿Eso es malo?", preguntó Steve.
"Sí, si el agua está demasiado caliente o
demasiado fría", respondió Preston.

Steve anotó sangre fría en su cuaderno.

Steve nadó hacia el mapache Roxy.

Roxy negó con la cabeza. "Oh, por favor", dijo. "No soy un pez. Tengo un hermoso pelaje por todo el cuerpo".

10

"¿Los peces no tienen pelo?", preguntó Steve.

Roxy negó con la cabeza. "Lo siento, pequeñín. Los peces tienen la piel lisa y viscosa. Es un poco asqueroso".

Steve anotó en su cuaderno la piel viscosa y lisa.

Steve vio a la serpiente Sissy encima de él.

"¿En *sssserio*?", Sissy siseó.
"No *sssoy* un pez. No tengo *branquiasss* para ayudarme a respirar bajo el agua!".

"¿Cómo funcionan las branquias?", preguntó Steve.

"El agua *passsa* a través de las *branquiasss*", dijo Sissy. "¡Y las *branquiasss* cogen el oxígeno que necesitan los *pecesss* para respirar!".

Steve hizo una nota sobre las branquias.

Steve vio a Georgia el mosquito
volando alrededor.

"¿Eres un pez?", preguntó Steve.
"¿Me estás tomando el pelo?", gritó Georgia.
"¡No! ¡No tengo vejiga natatoria!".
"¿Qué es una vejiga natatoria?",
 preguntó Steve.
"Es como un globo dentro del cuerpo de
un pez", explicó Georgia. "El aire que hay
dentro de la vejiga ayuda a los peces a
mantenerse estables bajo el agua".

Steve añadió la vejiga natatoria a
sus notas.

Steve se encontró con Hannah la colibrí.

"No. Los peces son acuáticos,
viven en el agua", dijo Hannah.
"Me gusta volar por donde está seco".

"Entonces, ¿no sabes nadar?".

"No", dijo Hannah. "¡Pero me gusta un baño para pájaros!".

Steve escribió notas
sobre los hábitats acuáticos.

Steve se sumergió en el lago. Vio a Fernando.
"Espera", balbuceó Steve.

"Así es, genio", dijo Fernando.
"Tengo aletas como todos los peces.
Me ayudan a nadar rápido".

"¡Sí!", Steve gritó.
"¡Encontré un pez!".

Steve siguió a Fernando a mayor profundidad.
Allí, vio otros peces con espinas dorsales. Tenían branquias
y aletas. Estaban bajo el agua. Tenían la piel viscosa.

"Espera", dijo Steve. "¡Eso significa que yo también soy!".

FESTIVAL DE LOS PECES

El cuaderno de Steve

PECES . . .

- Son vertebrados. Tienen columna vertebral.

- No tienen párpados.

- Son de sangre fría.

- Tienen piel viscosa y lisa.

- Tienen branquias que les ayudan a respirar bajo el agua.

- Tienen vejigas natatorias que les ayudan a flotar en el agua.

- Son acuáticos. Eso significa que viven en el agua.

- Tienen aletas para moverse en el agua.

GLOSARIO

acuático Vive o crece en el agua.

aleta Parte del cuerpo de un pez que le ayuda a desplazarse por el agua.

branquia Cualquiera de los dos órganos situados cerca de la boca del pez; los peces respiran a través de las branquias tomando oxígeno del agua.

de sangre caliente Tiene una temperatura corporal que se mantiene más o menos igual independientemente de la temperatura ambiente.

de sangre fría Tiene una temperatura corporal que cambia para adaptarse a la temperatura ambiente.

AMICUS ILLUSTRATED es una publicación de Amicus Learning, un sello de Amicus
P.O. Box 227, Mankato, MN 56002
www.amicuspublishing.us

Library of Congress Cataloging-in-Publication Data
Names: Troupe, Thomas Kingsley, author. | Rotondo, Martina, illustrator.
Title: ¿Eres un pez? / by Thomas Kingsley Troupe ; illustrated by Martina Rotondo.
Other titles: Are you a fish? Spanish
Description: Mankato, MN : Amicus Illustrated, [2025] | Series: Clasificación de los animales | Audience: Ages 6–9 | Audience: Grades 2–3 | Summary: "When nosy Steve the sunfish overhears Dexter the dragonfly saying to watch out for fish, Steve sets out on a mission to find out what exactly a fish is. After interviewing other animals and learning about the characteristics of fish, Steve realizes that he too is a fish! Translated into North American Spanish. Includes fact page and glossary"— Provided by publisher.
Identifiers: LCCN 2024019205 (print) | LCCN 2024019206 (ebook) | ISBN 9798892003810 (library binding) | ISBN 9798892003872 (paperback) | ISBN 9798892003933 (ebook)
Subjects: LCSH: Fishes—Juvenile literature. | Fishes—Classification—Juvenile literature. | Animals—Classification—Juvenile literature.
Classification: LCC QL617.2 .T7618 2025 (print) | LCC QL617.2 (ebook) | DDC 597.01/2—dc23/eng/20240523

Impreso en China

Editora: Rebecca Glaser
Diseñadora: Kim Pfeffer

ACERCA DEL AUTOR

Thomas Kingsley Troupe es autor de más de 200 libros para jóvenes lectores. Cuando no está escribiendo, le gusta leer, jugar a videojuegos e investigar lugares encantados con la Twin Cities Paranormal Society. Si no, probablemente esté echándose una siesta o algo así. Thomas vive en Woodbury, Minnesota, con sus dos hijos.

ACERCA DE LA ILUSTRADORA

Artista desde siempre, Martina Rotondo cursó el Máster de Ilustración y Arte Conceptual en The Sign Academy de Florencia (Italia). Actualmente trabaja como ilustradora para editoriales italianas y extranjeras. Amante del dibujo tradicional, también investiga y experimenta constantemente con nuevas técnicas para crear sus personajes y fondos surrealistas y atractivos.